BEI GRIN MACHT SICH IHR WISSEN BEZAHLT

- Wir veröffentlichen Ihre Hausarbeit, Bachelor- und Masterarbeit

- Ihr eigenes eBook und Buch - weltweit in allen wichtigen Shops

- Verdienen Sie an jedem Verkauf

Jetzt bei www.GRIN.com hochladen und kostenlos publizieren

Luise Apelt

Politisches Interesse von Jugendlichen

GRIN Verlag

Bibliografische Information der Deutschen Nationalbibliothek:

Die Deutsche Bibliothek verzeichnet diese Publikation in der Deutschen Nationalbibliografie; detaillierte bibliografische Daten sind im Internet über http://dnb.d-nb.de/ abrufbar.

Dieses Werk sowie alle darin enthaltenen einzelnen Beiträge und Abbildungen sind urheberrechtlich geschützt. Jede Verwertung, die nicht ausdrücklich vom Urheberrechtsschutz zugelassen ist, bedarf der vorherigen Zustimmung des Verlages. Das gilt insbesondere für Vervielfältigungen, Bearbeitungen, Übersetzungen, Mikroverfilmungen, Auswertungen durch Datenbanken und für die Einspeicherung und Verarbeitung in elektronische Systeme. Alle Rechte, auch die des auszugsweisen Nachdrucks, der fotomechanischen Wiedergabe (einschließlich Mikrokopie) sowie der Auswertung durch Datenbanken oder ähnliche Einrichtungen, vorbehalten.

Impressum:

Copyright © 2008 GRIN Verlag GmbH
Druck und Bindung: Books on Demand GmbH, Norderstedt Germany
ISBN: 978-3-656-13332-2

Dieses Buch bei GRIN:

http://www.grin.com/de/e-book/189170/politisches-interesse-von-jugendlichen

GRIN - Your knowledge has value

Der GRIN Verlag publiziert seit 1998 wissenschaftliche Arbeiten von Studenten, Hochschullehrern und anderen Akademikern als eBook und gedrucktes Buch. Die Verlagswebsite www.grin.com ist die ideale Plattform zur Veröffentlichung von Hausarbeiten, Abschlussarbeiten, wissenschaftlichen Aufsätzen, Dissertationen und Fachbüchern.

Besuchen Sie uns im Internet:

http://www.grin.com/

http://www.facebook.com/grincom

http://www.twitter.com/grin_com

TU Dresden
Philosophische Fakultät
Institut für Politikwissenschaften
Professur für Didaktik der politischen Bildung

Hauptseminar: Was ist guter Sozialkundeunterricht?
Sommersemester 2008

Verschriftlichung des Vortrages:

Politisches Interesse von Jugendlichen

Verfasser:

Luise Apelt

Lehramt Gymnasium Geschichte/ Gemeinschaftskunde
7. Fachsemester

Inhaltsverzeichnis:

1. Interesse von Jugendlichen an Politik — S. 3

2. Bedingungsfaktoren — S. 3-6

    2.1. Der Unterschied bei den Geschlechtern- — S. 5-6
        Sind junge Frauen wirklich unpolitischer?

3. Einstellung zur Demokratie und Gesellschaft — S. 6- 8

    3.1. Wahlen und Wahlbeteiligung — S. 8

4. Vertrauen in gesellschaftliche Gruppierungen und Institutionen — S. 8

5. Fazit — S. 9

6. Literaturangaben — S. 9

Politisches Interesse von Jugendlichen

Als Basisliteratur für meinen Vortrag verwendete ich die 15. Shell Jugendstudie. Diese wurde 2006 veröffentlicht und gilt somit als aktuellste Untersuchung über das Verhalten, die Perspektiven sowie Werte und Interessen von Jugendlichen im Alter von 12 bis 25 Jahren. Mehr als 2500 repräsentativ ausgewählte Probanten wurden in Stichproben befragt. Die Shell-Studie wird seit 1952 im Vierjahres Rhythmus erhoben.

Politisches Interesse bedeutet Neugier, Zuwendung, Aufmerksamkeit und Wachheit gegenüber politischen Angelegenheiten.

1. Interesse von Jugendlichen an Politik

Das Interesse von Jugendlichen ist trotz eines leichten Anstieges weiterhin sehr gering. So bezeichnen sich nur etwa 39% der Befragten als politisch interessiert. Im Jahr 2002 lag der Wert sogar nur bei 34%. Es wäre also verfrüht von einer Trendwende zu sprechen.

Vergleicht man dies mit den 80er (1984 etwa 55%)und 90er Jahren (1991 etwa 57%), so ist ein rapider Abfall zu bemerken. Der Blick hat sich von einer politisch engagierten Jugend in den 60er Jahren hin zu einer eher Unpolitischen gewandelt. Es muss sich von der politischen Jugendbewegung als identitätsstiftendes Moment verabschiedet werden. Zu einer maßgeblichen Kategorie ist in der Jugendforschung die sogenannte Politikverdrossenheit geworden.

2. Bedingungsfaktoren

Das politische Interesse der Eltern spielt bei der Beeinflussung ihrer Kinder eine signifikante Rolle. Schätzen diese sich zum Beispiel als politisch stark interessiert ein, so geben das auch 66% ihrer Kinder an. Haben die befragten Eltern nur ein geringes Interesse an politischen Aspekten so spiegelt sich das zu 79% auch in den Antworten ihrer Kinder wieder. Am eindrucksvollsten lässt sich dieser Aspekt jedoch bei den gänzlich uninteressierten Eltern darstellen, immerhin geben 85% ihrer Kinder ebenfalls an gar kein Interesse an Politik zu besitzen.

Ein weiteres bedeutendes Merkmal ist der soziale Status den die Jugendlichen einnehmen. So schätzen sich mehr als die Hälfte der befragten Studenten (68%) als stark interessiert bzw.

interessiert ein. Immerhin noch 61% der Gymnasiasten stimmen mit den Studenten in ihrer Haltung zu. Nur etwa 39% der Gymnasiasten schätzen sich als politisch weniger/ gar nicht interessiert überein. Danach erfolgt ein schockierender Abfall zu Schülern der Haupt- bzw. Realschulen, welche sich zu 86% als politisch uninteressiert einstufen. Gerade in diesen Schultypen scheint es daher von unschätzbarer Wichtigkeit zu sein, die Schüler zu motivieren und für aktuelle Themen zu begeistern, damit die Zahl der politisch Interessierten von mageren 14% auf ein angestrebtes Gymnasialniveau steigt.

Zudem zeigte sich in der Studie, dass verschiedene Freizeitbeschäftigungen einen positiven Einfluss auf das politische Interesse ausüben. Testpersonen die sich häufiger an Projekten oder Initiativen beteiligen, Mitglied in einem Verein sind beziehungsweise sich künstlerisch in ihrer Freizeit betätigen, sind überdurchschnittlich neugierig an politischen Themen. Weitere zu nennende Beschäftigungen sind das häufige Lesen von Büchern sowie das Surfen im Internet.

Der persönliche Glaube spielt jedoch eine geringere Rolle als vielleicht vorher vermutet. Gläubige Jugendliche sind dabei genauso an politischen Themen interessiert bzw. uninteressiert wie Nichtgläubige. Eine Sonderstellung in dieser Studie nimmt jedoch die kleine Gruppe derer ein, die an eine überirdische Macht glauben, welche sie nicht direkt benennen können. 46% bezeichnen sich hierbei als politisch (stark) interessiert. Schüler die auf die Frage nach ihrem Glauben mit „weiß nicht so recht" geantwortet haben gaben zu 75% an nicht interessiert zu sein. Diese Darstellung gilt jedoch nicht als signifikant.

Auch das Alter der Befragten ist in der Studie von Bedeutung. So scheint es jedem klar zu sein, dass Kinder im Alter von 12- 14 Jahren eher anderen Themen Beachtung schenken. Diese Schüler sind noch nicht wahlberechtigt und haben kaum ein Mitspracherecht an brisanten Themen. Bei den 15-17 Jährigen steigt die Begeisterung jedoch kaum merklich auf nur 26% an. Daran lässt sich ablesen, dass gerade diese Altersgruppe sich von Lehrern und Politikern im Stich gelassen fühlt und ein Mitspracherecht einfordert, was ihnen leider nicht gewährleistet wird. Gerade bei diesen Jugendlichen sollte der Gemeinschaftskundeunterricht gezielter einsetzen um das Interesse zu wecken und das Verständnis von komplizierten Prozessen wie zum Beispiel der Gesetzgebung oder den Wahlen in Deutschland zu wecken. Expertengespräche sollten von Lehrern stärker in Betracht gezogen werden um das Unverständnis bei den Schülern zu mindern. Jugendgruppen könnten gebildet, Petitionen eingereicht, Wahlplakate hergestellt und Wahlen im Klassenverband durchgeführt werden. Bei den wahlberechtigten Jugendlichen im Alter von 18- 21 Jahren steigt der Enthusiasmus auf 41%. Bei den 22-25 Jährigen sind es etwa 48%, die sich als politisch interessiert einstufen. Diese geringen Zahlen lassen sich auf das kaum vorhandene Interesse der Teenager zurückführen. Gerade in diesem Alter lassen sich die jungen Bürger relativ schnell von der Flut an Medien, Computerspielen und das große Freizeitangebot beeinflussen. Das Interesse an unserer als „verstaubt" geltenden Politik ist dabei, wen wundert es, sehr gering. Und dies ändert sich leider, wie die Studie eindrucksvoll belegt, im Alter kaum.

Die verschiedenen Faktoren müssen hierbei genau beleuchtet werden und es muss dort angesetzt werden wo positive Veränderungen möglich und durchsetzbar sind. Präziser auf dieses Thema einzugehen würde hier jedoch den Rahmen des Vortrages sprengen. Hilfe finden Lehrer hierbei jedoch bei der Bundeszentrale für politische Bildung, bei Wahlhelfern, in Internetforen, Lehrbüchern oder Parteien.

2.1. Der Unterschied bei den Geschlechtern- Sind junge Frauen wirklich unpolitischer?

Ein Bedingungsfaktor fiel mir bei meinen Recherchen im Zusammenhang mit der Jugendstudie hauptsächlich auf. Dem unterschiedlichen Politikinteresse der Geschlechter soll in diesem Vortrag besondere Aufmerksamkeit gewidmet werden, da sich die Erkenntnisse der Studie mit meinem eigenen Ehrfahrungen und meinem zukünftigen Beruf nur bedingt vereinbaren lassen. Ich hoffe, dass in den nächsten Jahren eine Veränderung eintreten wird.

Es ist tatsächlich so, dass nur 30% der jungen Frauen in der Studie angaben politisch interessiert zu sein, bei den jungen Männern waren es immerhin noch 40%. Dadurch zeigt sich, dass politisches Engagement ein Feld ist in dem sich der Geschlechtsunterschied zum Nachteil der Frauen auswirkt. Für Männer ist es demnach wichtiger Macht und Einfluss zu besitzen. Dies bestätigte sich schon in der Shell Jugendstudie 2002. Politische Beteiligung bleibt demnach überwiegend den männlichen Jugendlichen vorbehalten. Mädchen bzw. junge Frauen hingegen können und wollen ihre Eigeninteressen auf politischer Ebene nach wie vor nicht direkt durchsetzen, obwohl sie dazu allen Grund hätten. Sind ihnen Themen wie die Förderung der Vereinbarung von Familie und Beruf oder die finanzielle Entlastung junger Eltern sowie Gehaltsangleichungen an männliche Kollegen oder bessere Ausbildungschancen für sich und ihre Kinder durchaus wichtig. Bereits in jungen Jahren, besonders in der Ausbildungszeit, ist die Mehrzahl der Frauen von diesen politischen Aspekten betroffen.

Junge Männer sind da deutlich weniger zurückhaltend und haben kein Problem aus ihrem politischen Engagement einen Vorteil zu ziehen um ihre beruflichen Ziele zu erreichen. Politik gilt für Frauen immer noch als ein Gebiet, indem junge Männer durch Engagement und Interesse einen Prestigegewinn erzielen können.

Frauen als kategorisch unpolitisch abzustempeln ist jedoch falsch. Sie engagieren sich häufiger außerhalb der Politik in sozialen Bereichen und sehen in gemeinnützigen Fragen ihre Zuständigkeiten verankert. Außerdem halten sie Männer für kompetenter politische Entscheidungen zu treffen und zu verstehen. Politik wird demnach von beiden Geschlechtern immer noch als Männerdomäne angesehen. Dies lässt sich in der jahrelangen Dominanz männlicher Politiker in hohen Ämtern begründen. Frauen wird häufig das Bild vermittelt das politische Angelegenheiten „Männersache" sind. Im letzten Jahrzehnt lässt sich in vielen westlichen oder an westliche Traditionen angelehnten Ländern, vor allem in Deutschland, ein Wandel dieser Einstellungen dokumentieren. So gibt es immer häufiger auch „weibliche Staatsmänner". Wie paradox dieser Ausspruch klingt ist mir durchaus bewusst. Er zeigt nach meiner Ansicht, dass die Frauen auf einem guten Weg sind ihren Einfluss in der Politik zu etablieren, ihnen aber mit Sicherheit noch viele Hindernisse in den Weg gelegt werden bis ihre Stellung von allen hundertprozentig anerkannt wird.

3. Einstellung zu Demokratie und Gesellschaft

Das geringe Interesse von Jugendlichen an der Politik wird in den Medien oft als Indikator für eine Abwendung von der Demokratie und ihrer grundlegenden Regeln verstanden. Grundsätzlich ist dies auch nicht von der Hand zu weisen, da fehlendes Interesse sowie eine Distanz zu den Parteien für eine parlamentarische Demokratie kein tragfähiger Zustand sind. Gerade den Parteien als zentrale Instanz der politischen Willensbildung muss in der Zukunft wieder mehr Vertrauen entgegen gebracht werden, damit das System weiterhin Bestand haben kann. Politikverdrossenheit fördert dabei weder die Konsensbildung noch die politische Handlungsfähigkeit und Jugendliche können sich dabei nicht Problemlos in die Gesellschaft integrieren.

Dies spiegelt sich in der Umfrage wieder. 34% der Jugendlichen in den alten Bundesländern sind mit ihrem Leben unzufrieden. In den neuen Bundesländern sind es sogar 57% und damit die deutliche Mehrheit. Zum Jahr 2002 ist in diesem Bereich sogar ein Anstieg von etwa 5% zu verzeichnen. Die Unzufriedenheit mit der Demokratie in Deutschland geht dabei signifikant mit den prekären Lebenssituationen und ungleichen Zukunftschancen vieler einher. Etwa 59% aller Arbeitslosen bzw. 54% aller Jugendlichen, die mit ihrer schulischen Lage unzufrieden sind distanzieren sich von der Politik in Deutschland. Überproportional häufig trifft dies auch bei Jugendlichen aus ländlichen Gebieten (53%)zu. Hinzu kommen Jugendliche deren Eltern ein geringes Einkommen haben und damit die Wünsche und Ziele der eigenen Kinder nicht ausreichend unterstützen können. Die Jugendlichen projizieren vor allem auch häufige Streits der Eltern sowie häusliche Gewalt auf ihre Unzufriedenheit mit der deutschen Politik. So geben 59% der Kinder aus diesen Haushalten an, mit der Demokratie in Deutschland unglücklich zu sein.

Eine Sonderstellung in dieser Studie nehmen aber die Jugendlichen aus Immigrantenfamilien ein, welche mit 76% deutlich zufriedener sind als die deutschen Testpersonen. Dieser Tatbestand ist bemerkenswert, da gerade Ausländer in ihrem Alltag überproportional mit Diskriminierungen und Anfeindungen zu kämpfen haben. Vielleicht liegt es daran, dass viele Einwanderer in ihrer Heimat schlechte Erfahrungen mit anderen Staatsformen und Regimen machen mussten und daher das Leben in unsrer Demokratie besonders schätzen gelernt haben.

Alternativ wurde bei der Studie gefragt, in wie weit die Jugendlichen die Demokratie als allgemeine Staatsform bewerten. Hier zeigte sich sehr deutlich, dass sowohl in alten (82%) als auch den neuen Bundesländern (73%) die absolute Mehrheit hinter der Demokratie als beste Staatsform steht. Besonders in den neuen Bundesländern stieg damit die Zahl der Befürworter im Vergleich zur Shell Studie von 2002.

Nur 9% /14% der Jugendlichen finden, das die Demokratie als Staatsform ungeeignet sei. 10% bzw. 13% haben hierzu keine Meinung. Viele der demokratiekritischen Jugendlichen (42%/36%) sehen trotz ihrer kritischen Haltung keine Alternative. Einen „starken Mann" an ihrer Spitze befürworten demnach nur kann 4% aller Jugendlichen. Für ein sozialistisches System spricht sich nicht einmal 1% der „westdeutschen" Jugendlichen und nur knapp 6% der Jugendlichen aus den neuen Bundesländern aus. Zudem werden auch die Grundregeln der Demokratie wie Gleichheit, Meinungsfreiheit, Reisefreiheit, Regierung und das Recht auf Opposition, um nur einige zu nennen, von den meisten Jugendlichen bedingungslos akzeptiert und für gut befunden.

Die Demokratie als Staatsform mit samt ihren Regeln und Rechten ist unter den Jugendlichen etabliert. Das Vertrauen in unsere Regierung und unsere Institutionen ist jedoch sehr instabil. Genau an diesen Punkten ist es nun an den Politikern ihr Ansehen in der Bevölkerung zu verbessern, indem Wahlversprechen eingehalten werden und das Miteinander unter den Abgeordneten mehr einer Kooperation statt einem „Kindergartenkampf um das beste Spielzeug" in diesem Falle der Wähler, ähnelt. Jugendliche fühlen sich zusehends missverstandener und sind der Ansicht, dass Politiker nur ihren eigenen Zielen folgen, ohne die Interessen der Wähler mit einzubeziehen.

3.1. Wahlen und Wahlbeteiligung

„In der Demokratie ist es die Pflicht jeden Bürgers, sich regelmäßig n Wahlen zu beteiligen". Über dreiviertel der Jugendlichen stimmten dieser Aussage zu und räumten den Wahlen eine besonders große Bedeutung ein. Hier ist ein bedeutender Anstieg im Vergleich zur Studie von 2002 zu erkennen. Die Wahlbeteiligung 2005 sank jedoch im Vergleich zur Wahl von 2002 bei den Wahlberechtigten von 18- 21 Jahren von 70,2% auf 70% und bei den 21 bis 24 Jährigen von 68,1% auf 66,5%. Nach wie vor fällt die Wahlbeteiligung bei Jugendlichen obwohl das Thema „Wahlen" den Befragten so wichtig wie nie zuvor ist. Ich interpretiere die gewachsene Zustimmung dernnach als Ausdruck über das Wissen der Bedeutung von Wahlen im Allgemeinen. Und dass den Jugendlichen ihre Pflichten als Bürger durchaus bewusst sind. In wie fern sie aber am Wahltag bereit sind ihre Stimme abzugeben und sich über den Wert dieser überhaupt bewusst sind, kann nicht ohne weiteres beantwortet werden.

4. Vertrauen in gesellschaftliche Gruppierungen und Institutionen

Die Probanten sollten auf einer Skala von eins bis sechs, wobei eins für sehr wenig Vertrauen stand, ihre Zustimmung zu bestimmten gesellschaftlichen Gruppierungen und Institutionen bekunden. Bei den Befragten zeigte sich, dass die Meisten sehr großes Vertrauen in Institutionen besitzen, die nicht unmittelbar in Kontakt mit der Politik und Politikern stehen. So wird vor allem den Gerichten sowie der Polizei, beide durchschnittlich 3,5 Punkte und erstaunlicherweise auch der Bundeswehr (3,3 Punkte) großes Vertrauen entgegenbegebracht. Vergleichbares gilt für Umwelt- und Menschenrechtsgruppen sowie internationalen Instanzen wie die Vereinten Nationen oder die Europäische Union. Dies scheint wenn man die Medien verfolgt kaum zu verwundern. So werden Gerichte und Polizei als die Rechte des Menschen schützende Institutionen verstanden, die sich an klare Richtlinien halten müssen. Negativ werden auch diesmal die Bundesregierung (2,8 Punkte), Parteien (2,5 Punkte) Gewerkschaften (3 Punkte) sowie Kirchen und Unternehmerverbände bewertet. Das Institutionenvertrauen ist bei diesen Gruppierungen unterdurchschnittlich ausgeprägt. Dies ist jedoch, sieht man die anderen Umfrageergebnisse nicht weiter verwundernswert.

5. Fazit

In der Shell Jugendstudie spiegelt sich eindrucksvoll das viel beschrieben Desinteresse der Jugendlichen wieder. In den letzten vier Jahren hat sich am Vertrauen der jungen Männer und Frauen in die deutsche Politik leider nicht viel geändert. Aber kann man dies den Jugendlichen wirklich verübeln. Kinder sind ein Produkt der Erziehung ihrer Eltern, welche sich kaum mehr für aktuelle Geschehnisse, Wahlen oder Gesetzte interessieren als die eigenen Sprösslinge. Die Eltern liefern ihnen dabei genauso wenig ein Vorbild wie Politiker, Schauspieler oder zum Teil auch die Lehrer.

Es scheint einzuleuchten, dass ein 15 jähriger Schüler sich mehr für Autos, Auslandsschuljahre, Musikgruppen und Schulnoten als Menschenrechte und endlose Kämpfe zwischen Regierung und Oppositionen interessiert. Brummt doch selbst den Erwachsenen bei ermüdenden Gesetzesdebatten und immer neuen Repressionen der Kopf. Jugendliche spiegeln mit ihrer Einstellung nur die sozialen Trends und Großergebnisse der letzten Jahre wieder.

Nun ist es vor allem am Gemeinschaftskundeunterricht diesen Zustand so weit wie möglich zu Verbessern und durch aktive Diskussionen das Interesse von Schülern zu wecken.

Ein guter Ansatz ist hierbei, dass die Jugendlichen die Demokratie allgemein sowie ihre Grundsätze akzeptieren. Hier müssen die Politiker Ansätzen und ein offenes Ohr für ihre jüngsten Wähler haben.

Die Probleme der Politiker kann man als Lehrer kaum lösen, jedoch ist es möglich die Schüler für diese zu sensibilisieren und ihnen bewusst machen, dass sie mit ihrer Stimme sowohl einen Einfluss auf die Politik haben können.

6. Literaturverzeichnis:

Hurrelmann, K.(Hrsg.): Jugend 2002- zwischen pragmatischem Idealismus und robustem Materialismus, Frankfurt am Main, 2006.

Hurrelmann, K.(Hrsg.): Jugend 2006- Eine Pragmatische Generation unter Druck, Frankfurt am Main, 2006.

Gascke, S.: Politische Interesse, Shell Studie 2006 in: Die Zeit, 21.09.2006, Nr.39.

Materialien und Karikaturen von der Zentrale für politische Bildung